AF452794

LES
PROGRÈS DU
LIBERTINAGE,
HISTORIETTE.

LES PROGRÈS

DU

LIBERTINAGE,

HISTORIETTE

Trouvée dans le porte-feuille d'un carme réformé.

PUBLIÉE

Par un novice du même ordre.

ORNEÉ D'ESTAMPES EN TAILLE DOUCE.

DE L'IMPRIMERIE

DE L'ABBESSE DE MONT-MARTRE

L'an second de la liberté.

Avec approbation des Danseuses de l'opéra.

EPITRE

DÉDICATOIRE,

AU FOYER

DE L'OPÉRA.

C'EST pour amuser vos loisirs, jeunes beautés, que je vous offre le tableau de la vie d'une de vos camarades, dont les déréglemens ont commencé dans le cloître, et qui, à force de mouvemens, est parvenue à faire éclipser la réputation de vos plus déterminées fouteuses.

Rien n'est étranger à mon héroïne ; elle vous branle une pine avec une grace, un attrait admirable, et si le clergé de France pleure la perte d'une partie de ses biens ; Laure en est le véritable motif. C'est la privation de tant de charmes qui fait regretter à l'abbé Maury ses huit cents fermes. La rage de ne pouvoir plus prétendre aux appas de Laure, en a fait un énergumene à la tribune nationale : cependant ne croyez pas, mesdames, que, trop prévenu pour mon héroïne, je méprise en vous des talens qui vous ont fait regarder à bon droit, dans toutes les nations, comme les plus déterminées putains. Oui, tout en admirant Laure, je vous contemple, et suis , la pine en main ,

Votre affectionné serviteur,
frere Enculos.

LES PROGRÈS

DU

LIBERTINAGE,

HISTORIETTE

Trouvée dans le porte-feuille d'un carme réformé,

PUBLIÉE

Par un novice du même ordre.

ENFIN, mon cher prieur, il faut se rendre à tes demandes réitérées ; oui , je vais te faire le récit des actions lubriques de ma vie ; je vais te tracer le tableau de mes jouissances. Ton ame,

A 3

bouillante de volupté, ne pourra se contenir, et je te vois déja, la pique en main, faire ruisseler à gros bouillons cette liquenr divine renfermée dans d'énormes couillons. Moi, de mon côté, crois-tu que je pourrai résister à tant de tentations? ma plume s'échappera plus d'une fois de ma main, et mon index se portera naturellement vers cette partie que la nature a formé pour nous faire oublier les vicissitudes de la vie. Je vais occuper les instans que je ne puis consacrer à Vénus, à m'entretenir avec toi de ses plus doux charmes.

J'ai reçu de la nature une ame de feu ; et la vie oisive et sédentaire du cloître entretient mon ardeur ; n'ayant que cette jouissance, je ne vis et ne respire que pour elle ; tous mes soins sont portés là : aux pieds des autels même, je ne pense qu'aux plaisirs

dont tu m'enivres .... Ah ! je ne puis
en parler sans éprouver un frémisse-
ment involontaire ...... Mon cher
prieur , que les jours sont longs pour
qui attend de douces nuits ! Dans
cette retraite tout nous favorise ; et
l'on est loin de penser que dans cet
asyle solitaire et consacré à la divinité , l'amour regne avec tant d'empire ;
un public curieux ne porte point ses
regards sur nos actions , elles sont toutes dérobées à son inquiette jalousie ;
un voile épais nous environne , et nous
jouissons à l'ombre du mystere. Grace
à mes bons soins , je n'ai pas une de
mes religieuses qui ne soit animée des
mêmes desirs ; je les ai toutes formées
suivant mes préceptes ; et , en vérité ,
notre communauté fait le plus joli bor-
del de la terre. Il te manquoit à notre
bonheur , nous te possédons mainte-
nant, nous n'avons plus de vœux à for-
mer.

Je t'avouerai que les six semaines qui s'écoulerent depuis la mort de Grand-pine, ton prédécesseur , jusqu'à ton entrée dans ce couvent, nous parurent six siecles. Nous avions bien les plaisirs que nous autres femmes savons nous procurer; mais à des ames brûlantes il faut diversité de jouissances ; aussi tu dois te rappeller avec délices combien de folies nous fîmes la premiere nuit de notre union ; combien l'amour nous rendirent ingénieux , et combien nous fîmes renaître , sous mille formes différentes, et sous des attitudes multipliées , le plaisir qui sembloit s'échapper avec trop de vîtesse.

Je fus contente de toi ; ta mâle vigueur me réalisa tout ce que ces romans voluptueux décrivent de leurs héros. Grand - pine nous servit bien ; mais toi encore mieux. Je dois à la vérité cet hommage ; et je veux, si jamais ces relations sont rendues publiques, que mon éloge, encore au-dessous de tes facultés, illustre le nom de frere Conard, et qu'on ne le nomme plus que frere Hercule, nom que mes compagnes et moi croyons t'appartenir à juste titre.

Tu m'as demandé quelques détails sur la petite Laure, que tu as fixée ces jours passés avec des yeux qui exciterent pour un moment en moi de la jalousie. Je vais te les donner, ces détails. Tu sauras donc que, fille d'un riche marchand, ses parents voulant conserver avec soin cette fleur à laquelle vous autres hommes ajoutez tant de prix, choisirent cet asyle pour la dérober à tous les regards, jusqu'au moment fortuné où ses innocens appas devoient être le partage de quelque heureux mortel. Je ne te cacherai pas que lorsqu'on me présenta cette jeune beauté, ses graces timides, sa rougeur, qui étoit celle de l'innocence, embrâserent mon cœur. Je me contins, et, les yeux baissés, le ton modeste, j'acceptai cette nouvelle conquête, et promis à ses parens de ne rien négliger pour leur conserver un objet si charmant. Ils furent satisfaits de mon zele, et après quelques pleurs versés de part et d'autre, l'on se sépara. Je fis préparer une petite chambre près de ma cellule. Mes religieuses s'appercevant de cette préférence, en devinerent bientôt le motif ; elles connoissoient toutes l'ardeur de mon tempérament, et regarderent cette innocente fille comme déja devoir m'appartenir ; mais, je dirai à leurs louanges, que par déférence pour moi, elles étoufferent en elles les semences d'une jalousie pardonnable à des tribades. Je fus chez la sœur Ursule, de qui je craignois le plus les reproches, et par mille caresses, je m'efforçai de dissiper ses inquiétudes; mais je t'avouerai, mon cher prieur, que lorsque mon sein s'appuyoit sur le sien, je croyois presser celui de Laure; et, lorsque ma main libertine caressoit le duvet de sa toison, lorsqu'elle pressoit ses fesses rebondies et blanches.... Ah! je m'imaginois tenir et presser celles de Laure, et je déchargeois avec plus de volupté.... Tiens, le souvenir de tant de rares appas me trouble et fait chanceler ma plume dessous le doigt qui a provoqué tant de plaisirs. Ah! doux momens de ma vie! faut-il qu'il vienne un instant, où, insensible à l'amour, la nature me refusera ses suprêmes jouissances? Mais poursuivons plutôt mon récit, et n'anticipons point sur l'avenir.

Le lendemain de l'entrée de Laure au couvent je fus la trouver, et ne lui fis cette fois que des civilités d'usage ; cependant en sortant j'appliquai sur ses levres un baiser plein de flâme : je n'en pus voir l'effet, je me retirai sur-le-champ , et j'allai me précipiter dans les bras de Grand-pine , qui parvint , par mille caresses , à me faire oublier les appas de Laure. Tu m'as demandé vingt fois que je te satisfasse sur les différentes manieres qu'il employoit pour nous conduire à la félicité suprême. Je vais t'obéir , et me rappeller en même-temps des délices que je ne tarderai pas à goûter avec toi ; car ce soir j'espere te faire part d'une posture que j'ai inventée et dessinée , afin de la mieux retenir.

Je te dirai donc que ce pauvre Grand-pine , que la communauté re-

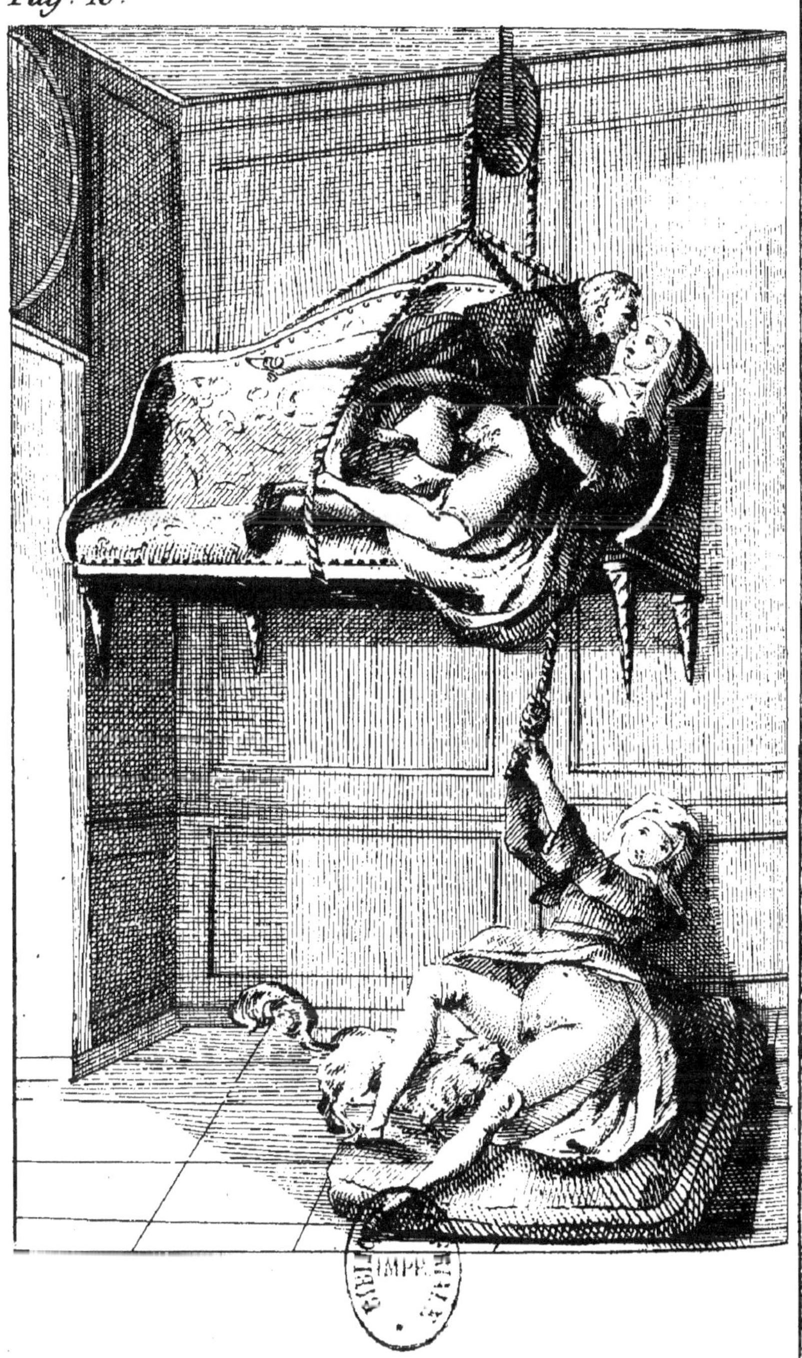

grette encore, malgré que nous ayons trouvé en toi un digne successeur ; qu'entr'autres postures celle-ci étoit sa favorite. Arrachant guimpe et fichu, il découvroit mon sein tout entier et le couvroit de baisers ; ce prélude nous mettoit tous deux en feu ; je me couchois avec volupté sur cette chaise longue que tu me connois, et qui n'a point encore servi depuis la mort de Grand-pine. Cette chaise s'attachoit avec quatre grosses cordes à des poulies, qui sont pour cet effet au plancher. Sœur Brigitte, qui nous aidoit à consommer ce grand et sublime ouvrage, se couchoit avec grace sur un coussin à terre ; Grand-pine lui remettoit le bout d'une corde, qui servoit à mettre en mouvement la machine voluptueuse. Mon amant se précipitoit sur moi, tenant en sa main l'ou-

til long et vigoureux de nos jouissances , je levois les cuisses , et mes
jambes enlaçoient fortement les reins
de mon fouteur. Sœur Brigitte s'ap-
percevoit, par nos transports , lorsqu'il
falloit redoubler de vîtesse , et dieu
sait dans quels torrens de volupté
nous nous plongions ; le balancement
de la machine , joint à l'excès du
plaisir , nous faisoient pâmer , et nous
restions dans cet état d'anéantissement et de volupté des heures entieres. Nous ne revenions de cet éva-
nouissement que pour remercier l'un
et l'autre notre charmante balanceuse.
Je me précipitois sur elle : nos jupes au vent , nous donnions encore
à mon amant un spectacle qui ne
tardoit pas à lui rendre une partie de sa vigueur. Étendues l'une sur
l'autre, ma bouche donnoit et recevoit
mille et mille baisers, par les agitations

d'une langue voluptueuse , nous savions fixer le plaisir ; ma main comprimoit fortement l'asyle heureux de l'amour ; sœur Brigitte, par un mouvement lascif et voluptueux, élevoit les fesses , et donnoit à Grand-pine le spectacle ravissant d'un postérieur appétissant, qui sembloit lui reprocher son inaction ; aussi il ne pouvoit plus se contenir ; sa pine écumante de rage , se portoit vers cette région , et d'un coup vigoureux et sec il logèoit six pouces de son membre dans le cul de sœur Brigitte , qui m'embrassoit plus étroitement. Nos trois corps sembloient réunis en un seul , et chacun de nous hâtoit le moment heureux qui devoit nous faire partager le même plaisir. On entendoit balbutier quelques mots, d'une parole coupée par la volupté...........
baise.... baise..... chere amie.... Pousse

plus avant, cher amant !.... Fous !....
fous !.... ta petite fille.... Je n'en puis
plus.... je me meurs !.... Ah !... je...
décharge !... A ce récit, que je me
plais à te faire, je ne puis moi-même
résister ; le souvenir d'un plaisir si
grand me force d'abandonner la
plume, et je me branle à ton intention.....

Ah ! je respire ! Ma paupiere, fermée par l'amour, s'ouvre enfin au
jour, je reprends la plume, et vais
encore te tracer quelqu'unes de nos
jouissances, et des moyens dont je
me suis servi pour faire de Laure la
plus jolie coquine de notre communauté.

J'allai de nouveau lui rendre visite, bien résolue cette fois, d'ha-
zarder plus que la premiere. Ma passion augmentoit, et je brûlois de
jouir. Je vis bien par son entretien

qu'elle étoit aussi novice que belle.
Je ne pus me faire comprendre, je
formai un autre projet, que je n'eus
pas de peine à mettre à exécution.
Je la quittai , et sitôt que Grand-
Pine arriva je lui fis part de ce projet ;
je lui dis qu'il falloit qu'il m'aidât
dans mon entreprise. Sa complaisance
pour moi que je savois bien récompenser lui fit tout entreprendre ; je
lui dis donc qu'il falloit qu'il cher-
chât à instruire Laure, en la ques-
tionnant dans le confessional sur
l'article impureté ; lui donner adroi-
tement l'envie de lire de certains livres , en affectant de les proscrire et
de les lui nommer ; que moi je me
chargeois du reste : il fixa au lendemain cette épreuve. Nous passâmes
une nuit délicieuse , je lui accordai
tout ce que sa lubrique ardeur exi-
geoit de moi. Le jour vint , il fallut

nous quitter ; il me promit de ne point négliger mon affaire , et sur l'espoir que je lui procurerois Laure après l'avoir initiée dans nos mystères , il s'en fut heureux et satisfait.

La nécessité m'appeloit au chœur , j'y fus , non sans penser à mon triomphe prochain. Combien l'office me parut long ! mais l'on n'a rien sans peine , me disois-je , et je pris mon mal en patience. En vérité , mon cher prieur , le public qui nous regarde comme des Vestales est bien dans l'erreur. Ignore-t-il que nous sommes femmes , et que la nature parle aussi haut dans nos cœurs que dans ceux à qui un légitime mariage autorise des plaisirs dont on voudroit nous priver ? Je ne sais , moi , comment ce prestige a duré si long-tems. Mais enfin laissons à ce public crédule sa confiance , nous nous en trouvons bien. Jouissons toujours dans le secret et le silence , et par de pieuses momeries , prolongeons la sotte crédulité d'un peuple qui veut être trompé.

Grand-pine me tint parole. Après que sa jeune pénitente lui eût dit qu'elle s'étoit mise trois fois en co-lere contre le chat de lamaison; qu'elle avoit frappé du pied ; qu'elle avoit mangé une poire avant d'aller à la messe ; enfin des enfantillages qui prouvoient son innocence, et qu'elle prenoit pour de grands crimes , le prieur toucha l'article convenu , ce fut de l'alcoran pour notre novice ; elle n'y comprit rien. Moi, tandis qu'ils étoient ensemble , je profitai de cet intervalle pour entrer dans la cellule de Laure , et je mis dans sa bibliotheque le charmant livre de *Thérèse - Philosophe*. Des estampes

expressives ornoient cet agréable volume ; je savois bien par-là piquer
sa curiosité et l'amener insensiblement
à mon but. Je guettai le moment favorable. Comme cette cellule tient
à la mienne , j'ai fait une petite
ouverture dans la cloison. Cette ouverture ignorée de Laure alloit servir
mes projets , j'allois être témoin de la
moindre de ses actions , et , en vérité , je fus , pour cette fois , bien satisfaite.

Laure rentra , et se mit sur son
prie-dieu ; après quelques momens
elle chercha dans sa bibliothéque ;
le livre nouveau attira ses regards
par la fraîcheur de sa reliure , elle
l'ouvrit ; les estampes fixerent son attention.

Je vis son visage s'enflâmer , et j'en
tirai bon augure. Elle ne savoit que
penser de ces diverses postures , mais
tout à coup , faisant réflexion que

cela pourroit bien être un de ces livres proscrits par son directeur, j'eus la douleur de le lui voir jetter loin d'elle avec un air de dépit. Elle resta immobile, rêveuse, puis après quelques momens d'agitations, le sentiment que je savois bien lui inspirer pour ce livre nouveau ne tarda pas à se manifester ; la curiosité l'emporta sur la dévotion, elle courut à son livre. Ses joues se chargerent de cette rougeur, fille du desir, qui me disoit l'état de son ame. Elle avoit toujours les yeux fixés sur les estampes, l'envie de s'instruire l'emporta sur les doctes leçons de Grand-pine. Elle plaça un miroir à terre et mit le livre sur une table ; elle voulut vérifier si la nature lui avoit donné les mêmes appas qu'à ces femmes qu'elle voyoit en faire usage sur ces estampes.

D'une main tremblante elle leva ses jupes et regarda dans le miroir, si elle possédoit aussi ce centre des plaisirs. Jugez, mon cher prieur, dans quel état je fus à l'aspect de tant de charmes ! j'appliquai mes yeux sur l'ouverture de ma cloison, je me trouvai justement en face. Je vis la plus jolie motte! le plus joli con de la terre. Ses levres d'un rose tendre et pur annonçoit son intacbilité, un poil léger ombrageoit ce charmant réduit, et la blancheur de ses cuisses contrastoit merveilleusement avec l'ébene de son poil.

Tout en faisant cette visite, ses yeux, naturellement tendres, s'animerent des feux les plus vifs. Si jamais femme a réalisé la description des charmes que les poëtes ont prêtées à vénus, il faut convenir que Laure fut cette femme dans ces premiers momens d'innocence.

(23)

L'amour qui commençoit à parler à son cœur, la pudeur qui sembloit lui reprocher cette action, établissoient en elle un combat dont les effets étoient bien séduisans ; enfin je ne pus y tenir, je quittai mon poste, pour en aller prendre un autre qui me présageoit mille faveurs.

Comme j'ai toutes les doubles clefs des cellules, je pris celle de Laure, j'ouvris avec un soin extrême, afin de la surprendre encore dans cette posture. L'application avec laquelle elle confrontoit et sa nature et celle representée sur les estampes, me servit ; je parvins à ouvrir sans la déranger. Je me présentai devant elle, tu peux juger de son embarras, et te peindre sa confusion, qui faisoit déja une de mes jouissances. Elle baissa les yeux, et chercha à cacher le livre ; je voulus m'amuser un ins tant et fis la courroucée. Comment, lui dis-je ? Que viens-je de voir ? Elle se précipita à mes genoux tout en pleurant ; ma foi je ne pus y tenir, je la relevai, et la pressai contre mon sein, en appuyant ma main sur le sien ; je lui fermai la bouche en y appliquant la mienne. Après un moment de silence, je lui dis : belle Laure ; il n'est plus temps de feindre, vous êtes dans un âge où vos charmes doivent faire votre félicité, je veux vous faire connoître les trésors que vous possédez, je veux enivrer votre ame des plus doux plaisirs. Je la conduisis près de son lit, et je la jettai dessus. Emue, interdite, il ne lui restoit pas assez de force pour me résister. Je la couvris de baisers, et ma main s'empressa de fourager ses divins appas. Lorsqu'elle sentit que je la troussois, elle voulut m'op-

poser

poser quelque répugnance ; je lui adressai ces mots : divine Laure, vous avez ignorée jusqu'à ce jour les transports d'une ame bien éprise, je veux vous faire connoître les charmes de l'amour ; vous lui êtes redevable de votre beauté, et vous ne pouvez-vous refuser aux délices de ses jouissances. Le langage que je vous tiens vous surprend, sans doute ; mais apprenez que la nature ne perd jamais ses droits ; nous sommes femmes, et sujettes à toutes les passions les plus tumultueuses. Livrez - vous sans réserve à des plaisirs que vous ignorez, et qui doivent faire votre bonheur.

Tout en lui tenant ce discours, ma main s'étoit emparée du plus joli conin possible, je tâchai d'y introduire le doigt, mais quelques cris de Laure m'apprirent qu'il falloit ménager cette fleur, qui étoit dans toute sa pureté. Je me contentai de frotter, avec la paume de la main, cette petite motte rebondie, ce qui procura à ma jeune conquête des plaisirs inexprimables.

Elle s'abandonna entièrement à moi; nous nous dévoilâmes nos appas. Je ne me lassois point de baiser, de caresser son sein fait au tour, et qui le disputoit à l'albâtre; un bouton naissant offroit à mes yeux la fraîcheur de la rose; tout reçut mon hommage; ses fesses blanches et fermes repoussoient ma main qui les fouettoit. Je conduisis la sienne sur mon con, et un doigt mobile s'agitoit et me mettoit en feu. Je lui dis : tu vois ma chere Laure, que tu ne trouves pas en moi la même résistance que tu m'as offerte. C'est une énigme dont notre prieur te donnera le mot.

Ô combien l'amour est ingénieux ! cette gente pucelle me branla à ravir ! nous passâmes deux heures et plus dans des ravissemens, dans des extases qu'une passion vive avoit fait naître. Nous succombions tour-à-tour à l'excès du plaisir. Revenues de notre délire, elle me fit quelques questions, et courut chercher son livre de *Thérèse Philosophe*. Nous parcourûmes le volume, et nous nous arrêtâmes aux estampes. Le membre viril fixoit son attention. Je lui dis que cela s'appelloit communément un vit.

Je lui fis remarquer qu'au-dessous de ce membre générateur, il existoit deux petits globes, renfermés dans une peau épaisse, que ces petits globes se nommoient *testicules*, en termes de chirurgie, et couillons en termes vulgaires. Je lui dis que ces

couillons étoient pleins d'une se-
mence qui servoit à la propagation
de l'espece humaine. Je lui dis encore
que cette volupté , ce tressaillement
subit qu'elle ressentit , lors de nos
attouchemens , étoient produits par
cette liqueur mise en mouvement ,
et qui s'emparoit avec violence de
toutes nos facultés, et dont l'émission
nous plongeoit dans cet abattement
voluptueux qu'elle venoit d'éprouver.

Je lui fis remarquer comme l'homme
instrumente la femme, et je lui dis
que la nature , voulant sans cesse
réunir ces deux créatures différentes,
leur avoit partagé ses faveurs : que
l'un possédoit l'outil miraculeux de
notre existence , que l'autre possédoit
la cellule aimable qui renfermoit avec
délices cette verge productive.

Laure me fit cette question : mais
comment ce membre , qui me paroît

plus gros que le doigt , peut-il entrer
dans ce réduit ? Car , lorsque le vôtre
voulut s'y frayer un passage , il me fit
ressentir des douleurs.

Ah Laure , m'écriai-je , combien
vous êtes peu instruite ! et combien
je suis charmée d'avoir d'aussi agréables leçons à vous donner ! apprenez
donc que le créateur n'a rien épargné
pour mettre le comble aux plaisirs
dont je suis l'apôtre , et dont je
chante les douceurs avec autant de
joie que de reconnoissance. L'état où
vous êtes , mon enfant , est l'état
d'innocence. Vous avez ce qu'on ap-
pelle votre pucelage ; c'est une faveur
précieuse que la nature reserve à
l'homme , et de la jouissance de laquelle vous ne pouvez le priver. Il
faut vous attendre à quelque nous
goisses , mais elles seront suivies de
plaisirs bien piquans. Ceux que nous

C 3

venons d'éprouver ne sont que des *avant-goûts* des jouissances qui vous sont destinées. Vous avez vu que votre doigt a entré sans peine dans cette pareille cellule que je possede, eh ! bien , c'est la suite de ce sacrifice dont je vous parle.

J'ai été comme vous ; mais un homme aimable sût me ravir cette fleur, et me mit à portée de m'accoupler avec ses semblables. ⹀ Comment un homme vous prodigue les caresses que nous venons de nous faire? ⹀ Sans doute, et frere Conard toutes les nuits renouvelles ce jeu. Je prétends bien aussi, pour récompenser sa tendresse pour moi , lui procurer le larcin de votre fleur ; vous voyez que je ne suis point jalouse. --- Quoi! un homme ? Je ne puis y penser sans rougir... --- Bon, bon ; fadaise. La pudeur ne sert dans ce monde qu'à nous frustrer des plus doux avantages ; nous sommes nées pour le plaisir.

Laisses-moi, ma belle amie, laisses-moi te conduire, et tu reconnoîtras un jour mes bienfaits. Dans ce cloître nous pouvons sans crainte nous livrer à toutes les jouissances de l'amour ; nous ne craignons point, comme dans la société, d'œil observateur : je veux te rendre ce soir témoin d'une de nos orgies ; que je vais annoncer à toutes nos sœurs pour huit heures. Je vais faire préparer la salle du chapitre pour cet effet, et je veux que ton pucelage soit une victime sacrifiée avec pompe et cérémonie... Laure m'interompit, et me pria de ne point accomplir mon dessein ; qu'elle ne pourroit paroître ainsi devant toutes ses compagnes ; qu'elle vouloit bien se livrer avec moi dans la retraite à ce jeu agréable que nous venions de faire, mais que publiquement elle n'en auroit point la force. Je la rassurai, en me précipitant encore une fois dans ses bras, et la comblant de caresses qui me furent toutes rendues.

Je ne lui parlai plus de mon projet; mais je songeai sérieusement à l'exécuter. L'heure nous appelloit au chœur; nous nous assuyâmes, nous nous rajustâmes, et, le bréviaire sous le bras, les yeux fixés contre terre, les mains étendues sur la poitrine, nous nous rendîmes à notre devoir.

Un chant nazonique et lugubre fit croire aux assistans, que, pénétrées d'une seule divinité, le nom d'amour étoit banni de l'enceinte de nos murs.

Je ne te dissimulerai pas que la fête que je préparois pour le soir, m'occupa tout le temps du service. De

fréquentes distractions firent connoître à mes religieuses que je tramois
quelque chose de nouveau ; en effet,
en sortant du chœur, je les assem-
blai, hormis Laure, et leur fis confidence de mon projet. Nous nous
mîmes toutes à l'ouvrage.

Grand-Pine fut appellé, et je lui
dis, d'un ton noble : contente de toi,
vénérable fouteur, ta docile amante
veut te prouver sa reconnoissance.
Viens ce soir, viens jouir du plus
beau des triomphes ; viens, je veux
te conduire dans les bras de Laure ;
sa virginité t'est réservée, et je veux
t'offrir un combat digne d'un athlete
tel que toi.

A ces mots, je vis ses yeux s'en-
flammer, ses joues se charger d'un
vif incarnat. Il ne pouvoit que bé-
gayer, tant son transport étoit extrême.... Quoi ! je tiendrois dans mes

bras cet objet ravissant ? Ma pine seroit réservée pour l'honneur d'un tel pucelage ?.... Est-ce bien une vérité ? Un songe flatteur ne me trompe-t-il pas ?.... Eh, non, prieur : eh, non ; ce n'est point un songe. Tout en lui affirmant la réalité de notre conversation, ma main alla chercher sous sa jaquette le glaive du sacrificateur ; il comprit à merveille ce que je voulois dire, et me jetta sur mon châlit. Tu penses bien que je fis mon devoir, et que mes fesses ne resterent point immobiles.

Je suis satisfaite, m'écriai-je ; tu vois par le sacrifice que je te fais, que je ne suis point jalouse. Tu sais, que juste en toutes mes actions, je n'ai jamais voulu que tu privasses mes religieuses d'une félicité dont tu me fais jouir. Voilà la premiere fois que je peus te procurer un pucelage, et je saisis avec plaisir cette occasion ; je jouirai de ton triomphe , nous aurons soin de seconder ton ardeur , et des liqueurs fortifiantes te seront prodiguées.

Je ne puis rester plus long-temps avec toi , il faut que je préside à l'arrangement du lieu de ta victoire.

J'allai effectivement voir et ordonner les apprêts. La simétrie la plus heureuse fut employée , et nous attendions avec impatience ce moment fortuné.

Un repas ordonné avec goût et délicatesse devoit précéder cette aimable orgie. Des vins excellens devoient nous provoquer au plaisir , et jamais le plus libertin des seigneurs , sans excepter d'*Artois* et d'*Orléans* , n'inventa une plus jolie partie. Je confiai à mes religieuses l'exécution de ce que j'avois ordonné , et je me

rendis chez mon aimable recluse. Je
la trouvai livrée aux réflexions , et
toujours Thérese - philosophe près
d'elle ; je tirai un bon augure de
son amour pour cette lecture : les
charmes du style de l'aimable conteur
m'assuroient d'avance d'un entier
dévouement à mes desirs ; je ne lui
parlai point daventage de mon projet. Nous nous entretînmes encore
de Thérèse , et je lui fis des observations qui l'éclairoient de plus en
plus. Je m'apperçus que son ame ,
disposée aux plus vives passions, fe-
roit une légere résistance aux transports brûlans de Grand-pine , et que
par la suite notre novice deviendroit
une aimable coquine. L'heure desirée
arriva. J'introduisis Laure dans la
salle du banquet. Comme la crainte
lui faisoit faire quelques résistances,
je lui dis que Grand pine , malgré

elle

elle ne voudroit point mettre à fin
une entreprise aussi importante; mais,
ajoutai-je , je réponds que bientôt
vous serez sa conquête ; vous êtes
dans un âge où l'amour parle haut
au cœur d'une fille ; enfin s'il vous
faut quelque-temps de noviciat , je
vous l'accorde ; mais venez toujours
embellir de votre présence notre fête.
Je la déterminai. Toute la compagnie étoit déjà assemblée.

Laure fit un pas en arriere, lorsqu'elle vit avec quelle élégance cette
salle étoit décorée. Une table délicatement servie invitoit les convives.
Une douce lumiere , que répandoient
les bougies , inspiroit et préparoit les
cœurs à la volupté. Un sopha étoit le
trône , où le pere Grand-pine devoit
triompher. Toutes nos sœurs , à l'arrivée de Laure coururent à son passage, et toutes l'embrasserent. Ah !

D

mon cher Hercule ! combien tu aurois joui à la vue d'un tel spectacle!...
Ton imagination va suppléer à la foiblesse de mon pinceau : vois cette beauté s'avancer d'un pas timide et chancelant ; vois les feux de l'amour, exprimés par l'incarnat de ses levres, se mêler à la rougeur de l'innocence ; vois ces grands yeux noirs se baisser modestement , et dessiner un sourcil d'ébene sur l'ivoire d'un front radieux ; vois , à travers une guimpe légere, un sein arrondi par les Graces, soulever cet importun tissu , et vouloir s'échapper de sa prison !

Quel mortel resteroit insensible à la vue de tant d'appas ? Aussi Grand-pine en fut frappé , et je lui vis faire un geste de surprise , et en même-temps ses yeux s'animer et se fixer entièrement sur Laure. Aucune de nous ne fut jalouse de cette préférence ;

nous lui devions trop de reconnoissance pour lui ravir un moment de
jouissance ; persuadées d'ailleurs qu'il
nous sauroit gré de cette attention,
et qu'il nous récompenseroit.

L'on se plaça ; je fis mettre Laure
entre moi et le prieur. Je lui dis :
vous ne vous attendiez pas, ma chere
amie, à trouver chez des religieuses,
un couvert servi avec tant de somp-
tuosité. Mais sachez que nous sommes
forts riches ; que des rois, des reines,
et d'autres imbéciles nous ont faits des
donations considérables; et nous ima-
ginons des moyens de dissiper et d'employer notre revenu. La table nous
offre des ressources toujours nouvelles, et nous avons un prieur qui
entend cette partie à ravir. Il a déja
fait deux gros traités sur la cuisine ; il
n'y a point d'évêque qui n'ait ce nour-
rissant ouvrage, et qui ne recomman-

de à son maître-d'hôtel de consulter,
de méditer ce traité, plus précieux
pour eux que la bulle d'or.

Le prieur sourit, et me dit : madame
l'abbesse veut mettre ma modestie à l'é-
preuve ; mais je sais ce que je vaux,
et je ne me laisse point entraîner à des
louanges que je ne mérite pas.

Laure écoutoit, mangeoit, et ne
disoit mot. J'avois eu soin de lui faire
apprêter un breuvage qui la provo-
queroit à l'amour. En effet, lorsqu'elle
eût bu un petit verre de ce philtre,
ses yeux s'animèrent ; la nature re-
poussa la honte, et nous nous ap-
prêtames à voir la scène la plus
voluptueuse. L'on commença par des
propos fort gais. La conversation
s'anima, et des discours on en vint
aux gestes. Sœur Ursule qui étoit
près de moi m'embrassa avec volupté,
nos bouches collées ensemble reste-

rent quelques minutes dans cette agréable position. Nos langues se lardoient réciproquement, et toute la société en fit bientôt autant. Grand-pine porta une main libertine sur le sein de Laure, le premier mouvement de celle-ci fut de la repousser. Mais bientôt l'exemple de ses compagnes, et le philtre qu'elle avoit bu lui ôterent tous les moyens de résister aux pressantes caresses du vigoureux prieur. Sœur Saint-Ange, servit le bon pere, et défit les épingles qui retenoient la guimpe ; le plus beau sein alors s'offrit à nos yeux : c'étoient la rose et le lys. Son mouvement précipité annonçoit l'état de notre pucelle, qui n'offroit plus aucune résistance. Grand-pine, impatient de jouir, avoit déja découvert à nos yeux ce membre long et vigoureux ; sa tête altiere et rubiconde, sembloit menacer tous les cons des sœurs. On emporte Laure ; on la pose sur le sopha. Nous l'entourâmes , et la couvrîmes de baisers. Nous défîmes ses habillemens , et nous la mîmes en chemise. Elle ne disoit mot, elle rougissoit ; sa main ne trouvoit plus de force pour repousser les nôtres. Nous livrâmes au grand sacrificateur sa tendre victime presque nue. Ah , mon cher prieur! que d'appas! quelles fesses ! quelles cuisses ! Grand-pine ôta sa lourde jaquette , et saisit de ses bras vigoureux notre tremblante Laure ; d'une main il lui leve la chemise jusques sur les reins , et de l'autre présente à la porte de l'enceinte sacrée son redoutable coûtelas. Un cri aigu se fit entendre, il arrêta. Je caressai Laure , je l'engageai à souffrir un peu ; je lui dis qu'elle ne pouvoit prétendre aux vrais plaisirs que d'après une semblable épreuve. Le prieur tenta trois fois l'entreprise , trois fois il fut repoussé. Pourtant il étoit parvenu à introduire de la tête de son vit , il ne voulut point laisser échapper cet avantage ; il donna un coup de cul si sec , qu'il s'y logea. Un cri perçant annonça le triomphe du révérend pere. Pour le coup il ne lâcha plus prise , et Laure s'appaisa. Elle commença à prendre goût à l'affaire , et tortilla du cul , ma foi comme j'aurois pu faire. Ils se pâmerent tous deux. Nous ne pûmes rester spectatrices d'une semblable scène sans y prendre part ; sœur Ursule et moi , nous nous jetâmes sur des matelats , que j'avois fait placer pour notre usage ; les autres nous imiterent; et l'on ne vit en cet instant , que cons , culs , cuisses et tettons. Après ce petit exercice nou portâmes à nos nouveaux époux un bouillon , et un verre d'excellent vin de chipre.

J'embrassai Laure , qui voulut se r'habiller ; je l'en empêchai , lui disant que Grand-pine ne se lassoit pas après un assaut. Je lui fis seulement changer de chemise ; la sienne étoit toute ensanglantée. Elle s'épongea , et resta dans cet agréable désordre. J'engageai les autres convives à nous mettre à l'unisson , l'on applaudit à mon idée , et en moins de deux minutes tous nos vêtemens furent ôtés. Grand-pine en fit autant , et nous nous remîmes à table.

Je ne puis t'exprimer à quel genre de folie nous nous abandonnâmes. Laure étoit ravissante, et la premiere nous agaçoit. Nous bûmes un peu plus que de raison. J'entonnai l'ode à priape , et tout le monde fit chorus. A chaque strophe , chacune donnoit à sa voi:

sine des baisers. En partie nues,
nous jouissions de la vue de nos
appas, et chacun d'eux étoit baisé,
caressé, fêté.

Nous avions eu soin d'apporter le
sopha à la table. Grand-pine et
Laure étoient assis dessus, moi à
côté, entre sœur Ursule, et sœur
Saint-Ange : le prieur renversa sa
jeune épouse, lui mit les jambes sur
les épaules, l'éleva fortement, et
voulut l'enculer. Ah! deux pucelages en
un jour ! c'est trop, dis-je. Il m'obéit,
et s'aligna droit au con. Laure s'agita
violemment, et seconda de tout son
pouvoir les desirs de son fouteur.

Pour nous, nous nous branlâmes;
puisque nous n'avions que cette res-
source; mais nous nous branlâmes à
nous pâmer. Cet assaut fini, nous
reprîmes et nos chansons et nos
verres. Grand-pine nous récita pres-

que toutes les épigrammes de Jean-Baptiste *Rousseau*. Cette conversation, les liqueurs, des femmes nues, tout cela ne tarda pas à lui rendre sa vigueur, et il nous montra un vit, d'une étendue, d'une roideur à faire plaisir. Laure le convoitoit. Mais adressant la parole au prieur : il n'est pas juste, lui dit-elle, que je sois la seule fêtée dans ce jour, et madame l'abbesse mérite bien une telle récompense, pour tous les mouvemens qu'elle s'est donnée.

Je ne voulus point être en reste de générosité avec Laure, et je lui dis ; que cette journée étant destinée pour elle, il falloit qu'elle la terminât. Elle s'y opposa. Je proposai un autre expédient : eh bien, dis-je, tirons au sort. Toutes en convinrent. Le billet noir m'échut, et je volai sur le sopha. Mais je voulus que Laure se ressentit de mes plaisirs ; je la pris entre mes bras.

J'offris à Grand-pine un postérieur, qui je savois bien le tenteroit. Aussi devinai-je juste. Il troussa ma chemise, et m'enfonça son instrument. Je branlois Laure, et sœur Ursule chatouilloit les testicules du vénérable. Jamais, non jamais je n'eus tant de jouissance que cette nuit, nous la passâmes dans les délices et la volupté. Le jour commençoit à poindre. Il falloit se rendre à matines : nous étions en vérité bien disposées à cet office. Ma foi je pris sur moi la dispense, et nous continuâmes notre orgie. Pere Grand-pine branla toutes les sœurs les unes après les autres, et se sentit encore assez de force pour enfourner sœur Ursule et sœur Saint-Ange. Il donna promesse aux autres de les récompenser, ne voulant point exciter de jalousie entr'elles.

Je lui dis : ah ça, tu dois être content de ta nuit. A présent ne compte plus sur ta nouvelle épouse. Fourage toutes les autres, mais pour celle-ci je m'en empare. Sous quelques jours tu pourras y prétendre. Mais il faut avant que tu aies acquité ta promesse, que tu nous ayent toutes foutues. En finissant ces mots, je serrai Laure dans mes bras. Ma main ne pouvoit se lasser de caresser un sein ferme et agité ; je ne quittais son sein que pour branler sa jolie motte. Qu'elle me rendit bien mes caresses ! .... combien son doigt souple et ingénieux me fit éprouver de plaisir !

Collées l'une sur l'autre, et étendues sur le sopha, nous restâmes plus d'une heure à nous balancer mollement, nous tenant étroitement serrées. Nos langues n'avoient plus de force. Nos yeux, ivres d'amour,

mour, se fermerent, et nous restâmes dans cet anéantissement,
un temps si considérable, qu'à notre réveil, nous nous apperçûmes
que nous étions seules ; les autres
s'étoient retirées dans leur cellule
pour prendre quelque repos. Nous
en fimes autant. ; je trouvai frere
Grand-pine, dormant profondément
dans les bras de sœur Ursule. Son
attitude me prouva qu'ils s'étoient
endormis à la suite d'une exploitation.

Allons, dis je, il ne faut pas les
interrompre ; allons nous coucher :
je fermai la porte doucement,
et nous entrâmes dans ma cellule.
Nous nous mîmes au lit. Je donnai
le bon soir à ma jeune compagne,
et je dormis deux heures environ.
A mon réveil, j'apperçus qu'il faisoit
grand jour. Je fis lever Laure. J'allai

dans toutes les cellules. Je les trouvai toutes endormies ; je leur dis qu'il falloit se rendre au chœur, et elles s'habillerent. Je trouvai Grand-pine et sœur Ursule dans la même attitude; Il me vint une idée : je les découvris tout doucement, ils étoient nus. Je branlai Grand-pine ; il ne se réveilla point, mais je lui vis faire toutes les démonstrations d'un homme qui jouit en rêve. Cependant à l'éjaculation, il tendit les bras ; je me mis au devant, il me serra, et cet attouchement le réveilla ; il ouvrit les yeux; quelle fut sa surprise lorsqu'il me vit dans ses bras. Il faut se lever ; lui dis-je, il m'obéit, et sauta au bas du lit. Je voulus réveiller sœur Ursule de la même maniere, et j'y réussis à merveille. J'introduisis doucement mon doigt dans sa matrice, et je lui chatouillai le clitoris. Si tu avois vu comme elle se démenoit, quels coups de cul elle lançoit ! elle faisoit craquer la couchette. Grand-pine rioit de toute son ame ; cependant quand elle fut soulagée, elle ouvrit les yeux , où suis-je ? quoi ! dans vos bras ! Oui , oui, lui dis-je ; allons , allons madame la libertine, levez-vous, il faut se rendre au chœur.

Grand-pine nous dit : c'est fort bien ; Vous allez au chœur ; mais moi, je ne puis sortir à l'heure qu'il est , je vais rentrer dans la salle du chapitre ; il y a encore des restes, et je vais déjeuner ;

Après l'office vous viendrai me rejoindre. Cependant je serais d'avis que vous prenassiez chacune un petit verre de liqueur avant de dire vos patenôtres , cela vous donnera de la force pour psalmodier. Son avis fut suivi ; nous allâmes prendre un petit verre de fleur d'orange, et nous

nous rendîmes au devoir. Grand-pine pendant ce temps , déjeuna copieusement ; il prit des forces , croyant bien qu'il en auroit besoin , à notre retour. Effectivement , l'office fini nous allâmes à la salle du chapître , où nous le trouvâmes entourré de bouteilles , et les débris d'un pâté devant lui.

Ah ! nous dit-il , soyez les bien venues ; je vous attendois. En bonne compagnie , lui repliquai-je. Il se mit entre Laure et moi. Ah ça , lui dis-je, ne faisons pas comme hier , conservons notre raison , nous en avons besoin. Nous nous mîmes à manger. La conversation devint très-animée. Je contois aux autres sœurs dans quel état j'avois trouvée sœur Ursule,et pere grand-pine, et de quel moyen je m'étois servi pour les réveiller. Toutes se mirent à rire com-

me des folles. Comment , dirent-
elles , vous les avez branlés sans qu'ils
se réveillassent ! oui , le diable m'emporte, repliqua le prieur, je croyois
rêver (ne soyez point jalouse madame l'abbesse.) Je croyois être dans
les bras de Laure. Et moi de grand-
pine, dit sœur Ursule. Ah la plaisante
aventure , s'écrierent - elles. Nous ne
pouvons la croire. C'est pourtant la
vérité, dit le prieur. Mais vous ne
savez point quelle étoit ma jouissance
dans ce moment?... Je croyois enculer sœur Laure. Vous en voulez
bien au cul de notre novice , lui dis-
je ; allons il faudra bien encore vous
frayer cette voie : Vous ne seriez
point moine si vous n'aviez ce
goût. Oui , Laure , lui dis-je , en l'em-
brassant , c'est encore un pucelage.
Mais aussi après cette seconde épreuve vous n'aurez plus d'obstacle à

votre bonheur. Allons, ce soir.... Non pas, reprit grand-pine, je ne puis attendre ; et il nous tira de sa culotte un vit qui se portoit bien, et qui demandoit à entrer en lice. Cet homme, dis-je, a toujours ses raisons à la main, on ne peut le refuser. Laure fit quelque résistance, mais je la pris dans mes bras, je l'étendis sur le Sopha. Grande-pine lui mit ses jupes sur les épaules ; et mouillant de sa salive la tête de son vit, il l'ajusta. Après quelques cris de Laure, et plusieurs tentatives du pere, il pénétra. Nous étions tous trois en mouvement, et nous déchargeâmes en même temps. Notre exemple avoit enflammé nos sœurs ; et lorsque nous nous relevâmes, nous les vîmes toutes étendues sur les matelats, et le cul à l'air.

Fort bien, leur dis-je ; vous n'attendez point mes ordres, c'est-à-dire

que je ne peux foutre une seule fois
que vous n'en fissiez autant.

Ce n'est point foutre, répondirent-
elles ; vous n'avez pas voulu souffrir
ici plus d'un homme à la fois ; nous
sommes bien obligées de nous branler.

Ma prudence , leur dis-je, doit
vous plaire ; nous avons une réputation à garder , et si nous admettions
ici plusieurs hommes , qui nous ré-
pondra qu'ils seroient tous aussi dis-
crets que notre vénérable ? D'ailleurs
ils uffit à toutes, et nous n'avons que des
éloges à lui faire de sa complaisance.
Ma chere Laure , à présent tu es
initiée dans nos mysteres ; tu vois le
charmant asyle que tes parens t'ont
choisi;tu ne t'attendois pas à te trouver
en si bonne école. Vas , vas , nous
avons renoncé au monde en appa-
rence , mais c'est pour jouir plus
délicieusement des ses plus agréables

plaisirs, et sans interruption : car ici nous n'avons que cette occupation, et nous nous y livrons tout entiè-rement.

Nous rentrâmes dans nos cel-lules, et pere Grand-pine alla s'ajuster d'un de nos habillemens, afin de passer la journée librement dans le jardin. Il prit quelques livres dans ma bibliothèque, et fut se mettre sous un berceau. Il ne craignoit point que les jardiniers le reconnussent sous cet habillement.

Le soir vint, et il s'évada.

Un mois se passa dans de nouvelles jouissances. Je fis percer cette porte par laquelle tu t'introduis ici, et qui donne sous cette allée couverte qui conduit sur la route, sous prétexte de faire entrer par-là les provisions. Cette porte nous procura de plus fréquentes visites du pere Grand-pine. Mais on ne peut avoir tout à souhait : Laure s'apperçut qu'elle étoit grosse ; comment parer cet inconvénient ? Je lui promis de l'aider, je lui dis de ne point craindre, qu'il étoit facile de faire naître à ses parens une maladie. Mais ce qu'elle me cacha fut la passion qu'elle avoit pour un jeune homme qui l'avoit vue au parloir avec son pere et sa mere. Elle reçut à mon insçu plusieurs lettres, et ils arrêterent entre eux de fuir ensemble. Elle indiqua à Floridor (qui est le nom de ce libertin, qui l'abandonna peu de temps après.) cette issue que j'avois fait ouvrir dans le jardin. Il ne manqua point le rendez-vous, ils partirent. Lorsque je fis la visite, je ne trouvai plus Laure, je me doutai du tour. Mais je fus fort en peine comment j'apprendrois cette nouvelle à ses parens. J'étois dans une inquiétude mortelle, lorsque je reçus une lettre ; elle étoit de notre fugitive et je te la transcris :

MA CHERE ABBESSE,

« Vos leçons , votre exemple , ont fait naître dans mon cœur des feux qu'il n'est plus en mon pouvoir d'éteindre. Loin de vous faire aucun reproche , je vous remercie de m'avoir éclairée , et si j'ai un regret , c'est celui de ne vous avoir point connue deux ans plutôt , je ne les aurois point perdus dans une coupable inaction. La nature me dit à chaque instant que je suis née pour les plaisirs , et je ne veux point être sourde à une voix qui s'accorde si bien à mes intérêts.

» Vous me traiterez sans doute d'ingrate , après tout ce que vous avez fait pour moi de vous fuir, je sens que je mérite vos reproches; mais croyez que je ne vous oublierai jamais. Voici ce qui a donné lieu à mon évasion : Floridor vint, comme vous savez, au parloir avec mes parens, je le vis, et mon ame s'enflamma. Les caresses de Grand-pine ne m'étoient agréables qu'autant que je croyois les recevoir de Floridor. Celui-ci, épris de mes charmes, ne tarda pas à m'exprimer son ardeur; il gagna une tourriere qui se chargea de me faire parvenir ses lettres. Nous convînmes du jour où je fuirois avec lui. Il amena sa chaise à la porte nouvelle du jardin, je montai dedans, et nous dirigeâmes notre fuite vers Paris. Je songeai à jouer mon rôle, et à ne pas lui faire appercevoir le plaisir que j'avois d'être dans ses bras.

» Cependant il me fit quelques caresses dans la chaise, que je feignois de repousser. Enfin, après m'avoir promis vingt fois le mariage, je m'humanisai. Nous étions alors près d'une prairie délicieuse. Un berceau que j'apperçus me détermina. Nous mîmes pied à terre. Il conduisit sa chaise près de ce berceau, attacha son cheval, et nous entrâmes sous une voûte odoriférente. Cet endroit, ombragé par plusieurs buissons d'aube-épine, et très-écarté de la grande route, facilitoit nos desirs.

» Il me pressa dans ses bras, je feignis de la résistance. Sa main se glissa sous mes jupes, je serrai les cuisses, et je fis l'étroite. Enfin, après un combat de plusieurs minutes, je fis semblant de tomber ; il profita de cette circonstance, et me troussant il se mit en devoir de m'exploiter. Je me débattis, je criai, je lui fis croire,

Pag. 60

par mon adresse , qu'il venoit de triompher de mon pucelage. Je parus interdite , mes yeux se baissoient mo-destement , mon sein palpitoit avec force ; je poussai l'art jusqu'à répandre quelques larmes. Il se hâta de les essuyer , et après mille protestations de sa part , nous remontâmes dans la chaise , et nous reprîmes la route de Paris. Nous fûmes deux jours à faire ce voyage. A l'approche de la premiere ville je changeai de vête-mens , car , j'avois bien emporté mon paquet , mais je ne m'étois point donné le temps de me travestir.

» Arrivés à Paris , nous descendî-mes rue des Petits-Champs , à l'hôtel de Tours. Il fallut encore beaucoup de soins et de promesses de sa part , pour me résoudre à partager son lit ; enfin, je promis tout. Nous passâmes une nuit délicieuse , et je m'aban-

(62)

donnai à toute la chaleur de mon tempérament. Voilà deux jours que je passe dans ces délices ; je les interromps pour vous tirer d'inquiétude, et pour vous apprendre ma destinée. Je prévois votre embarras, à l'égard de mes parens ; je vais vous décharger de ce soin ; j'écris une lettre, qui leur sera adressée ; mais comme je ne veux point qu'ils sachent ma résidence à paris , je la date de Bruxelles, où je feins d'avoir été emmenée. J'ai chargé quelqu'un qui part pour cette ville en cet instant, de la faire partir de ce lieu.

Adieu, ma chere abbesse ; l'on m'attend pour aller à l'opéra. Je vous écrirai souvent, faites-en de même à mon égard. Je vous baise avec toute la tendresse d'une amie, d'une amante passionnée,

LAURE DE FONDEVILLE.

Paris , ce 20 novembre 1790.

Je fis part à toute la communauté
de cette lettre, et je lui exposai mes
craintes, qui ne se réalisèrent que
trop. Ce Floridor, dis-je, me paroît
un libertin, et je crains bien que Laure
ne soit dupe de cet attachement.
mais on ne peut éviter les premiers
traits de l'amour. Si elle m'avoit con-
sultée, je lui aurois bien dit de tâcher
d'étouffer une passion qui peut lui
devenir funeste. Rien ne lui manquoit ici, et ce trait fait bien voir
combien la jeunesse est inconsidé-
rée, et ne réfléchit point. Elle n'a
que seize ans ; elle auroit pu jouir ici
quelques années de tous les plaisirs.
Ses parens, pendant ce temps, au-
roient cherché à la pourvoir. Elle
auroit rentré parmi eux avec honneur,
et n'auroit quitté notre asyle que le
chapeau nuptial sur la tête : nous
avons des moyens pour réparer les

F 2

breches faites à la virginité, et aux yeux de son époux, elle auroit paru intacte et pure.

Mais que va-t-elle devenir ? Elle est enceinte ; sitôt que Floridor va s'en appercevoir, il l'abandonnera. Ah ! dis-je, à sœur Ursule, vous vous êtes conduite avec bien plus de prudence. Vous avez suivi mes conseils, et vous vous en trouverez bien. Votre mere vous dispose pour être l'épouse d'un riche receveur. Vous passerez des bras de Grand-pine et des miens, pour être reçue par un mari qui croira vous apprendre un jeu, où vous êtes experte. Quelques gouttes de la liqueur de l'immortel *Maille* vont effacer les ravages de la pine du prieur.

Je fus sensible à la perte de Laure ; j'y étois attachée. Cependant je me consolai avec Grand-pine et mes re-

ligieuses : nous continuâmes nos orgies. Un mois se passa sans que j'eusse
des nouvelles de Laure. Ses parens
m'écrivirent combien ils étoient sen-
sibles à cette perte. Je les plaignis,
et les consolai de mon mieux.

Au bout d'environ six semaines, je
reçus une lettre de notre fugitive :
je te la transcris encore.

« Ah ! ma chere abbesse, combien
je sens la faute que j'ai faite ! Combien j'ai été dupe de ma confiance
et de mon amour ! Ce Floridor,
qui sembloit tant m'aimer, est un
monstre. Il a fait plus ; vous savez
que j'avois un écrin de grand prix,
il me l'emporta, et ne me laissa que
quinze livres. Jugez de mon déses-
poir. J'avois heureusement fait la con-
noissance d'un chevalier de Saint-
Louis, mon voisin, je n'eus pas à

crainte à lui dévoiler mon état et la perfidie de mon amant. Il prit part à ma situation, et m'offrit de partager sa fortune avec moi. Il me dit : vous serez bien vengée ; car cette femme, avec laquelle il a fui, est une malheureuse, invétérée du mal le plus affreux : il ne tardera pas à se repentir de sa faute. Mais craignez qu'il ne revienne, il pourroit vous séduire encore, et vous partageriez son funeste sort ; quittons cette maison.

» En effet, dès le même soir nous allâmes loger vers la Chaussée-d'Antin. Je n'ai qu'à me louer des procédés de cet homme. Il ne veut point me tromper. Il m'a dit : je ne puis que rester encore trois mois dans la capitale, je ne puis vous emmener avec moi, mais je veux, avant mon départ, vous pourvoir. Vous avez do la voix, de la musique ; je connois le directeur des Menus, et je vous promets avant peu un sort heureux. En effet, il parla de moi à son ami, qui me fit venir, me fit chanter, et fut content de mon timbre. Je n'eus pas de peine à m'appercevoir que je lui avois fait quelqu'impression. Il me fit promettre de venir prendre des leçons, et il me dit : je me charge de vous faire inscrire, sous environ deux mois vous paroîtrez dans les chœurs. Mais travaillez, et vous parviendrez promptement aux emplois ; vous avez de grands moyens. Je lui dis que le lendemain je viendrois, qu'il me fixât l'heure. Celle de dix heures me fut indiquée.

» Je ne manquai point de m'y rendre. Il avoit fait apprêter un déjeûné. Il me fit passer dans un boudoir élégamment orné : un canapé sembloit nous inviter à l'employer. Vous devinez bien que M. le directeur exigeât une récompense à sa protection. Je fis quelques simagrées d'usage, mais il fallut en passer par-là. Notre directeur, qui comptoit bien sur sa conquête, s'étoit mis en habit de combat, une grande robe-de-chambre l'enveloppoit. Mais lorsqu'il l'ouvrit j'apperçus un fort beau membre repousser la chemise, qui étoit la seule barriere qu'il lui avoit opposée : il étoit sans culotte. Il me prit la main et me la conduisit sur cet engin formidable. La sienne découvrit mon mouchoir ; il resta en extase, en voyant mon sein, qu'il trouva admirable par sa blancheur et sa fermeté. Ma main pressoit avec volupté ses couillons. Il n'eut pas le temps de me jetter sur le canapé, il déchargea.

» Ah ! me dit-il, une autrefois ne nous amusons point aux bagatelles, et allons droit au but. Il fit dire qu'on ne laissât entrer personne, et la leçon qu'il me donna fut autre qu'en bémols. J'ôtai mon fichu , et je lui laissai, tout à son aise, baiser mon sein et le presser de ses mains. Nous déjeûnâmes, assis tous deux sur le canapé. Je mis un petit tabouret sous mes pieds , et je troussai mes jupes jusques sur mes genoux. Il apperçut une jambe légère. Sa main caressa mes cuisses , qu'il trouva à *croquer* ; mais, résolu pour cette fois de jouir entierement , il m'inclina sur le canapé, qui étoit entouré de glaces ; je voyois avec complaisance les graces de mes contours , et je cherchois, par une posture lascive, à me rendre de plus en plus aimable à mon amant. La grosseur de sa verge

me fit encore éprouver quelques douleurs , mais qui furent suivies de torrens de plaisirs , dans lesquels nous
nous noyâmes. Il resta après l'éjaculation quelque-temps dans la même
posture ; je cherchai à lui rendre
son premier état , sa pine n'avoit
point quitté ma grotte, et je sentois
petit à petit revenir sa puissance.
J'inventois mille moyens d'agaceries.
Je le mordois légerement , je le pin-
çois ; mes levres brûlantes suçoient
sa poitrine enflammée. Ma langue
alloit chercher la sienne ; enfin, j'en
vins à mon honneur , et je sentis
mon con rempli d'une pine puissante
et vigoureuse. Pour cette fois il mit
mes jambes sur ses deux épaules ,
ses deux mains fouettoient, pinçoient
mes fesses, qui s'élevoient avec force
et agilité. Nous nous pâmâmes , et
restâmes deux heures entieres anéan-
tis.

» Revenue de mon assoupissement, je l'embrassai ; je pris un verre de liqueur ; je me r'habillai, non sans émouvoir encore mon amant ; mais pour cette fois je ne lui voulus accorder que des baisers. Son vit étoit encore menaçant. Il me dit : Tu vois, ma belle, l'effet de tes charmes. Me laisserois-tu sans secours ? Tout en me disant cela, il conduisit ma main sur ce terrible outil. Je suis bonne, je me laissai vaincre ; je le branlai délicatement, et de l'autre main je claquois son énorme fessier. Pour cette fois il fut lent à décharger. L'œuvre consommé, je luis dis : tu dois être content, ne me demande plus rien ; je pars. En effet, il me fit descendre par un petit escalier dérobé. Je pris un fiacre, et je me rendis chez mon chevalier.

« Sitôt que celui-ci m'apperçut, il

se mit à rire en me fixant. Je devinai la cause de ses ris, et je rougis malgré moi. Il me dit Laure, vous avez été bien long-temps ; la leçon a été forte, à ce qu'il me paroît. Oui, lui dis-je, le morceau étoit joli, et nous l'avons recommencé plusieurs fois.

--- Fort bien.... Ecoutez, Laure ; je ne suis point jaloux. Vous êtes dans un âge où les sens sont violens. Je connois mon ami , il est aimable , il est pressant ; vous n'avez pas pu lui résister ; avouez-le moi sincèrement.

--- Ma foi, puisque vous exigez de moi la vérité , je ne vous la déguiserez pas : je suis franche , et j'aime à ne point dissimuler. Je lui fis le récit de nos scènes voluptueuses. Fort bien, fort bien, me dit-il, en conduisant ma main dans sa culotte; votre naïveté me fait le plus grand plaisir, et

je

je veux que nous répétions ensemble
un si joli rôle. Je ne pouvois refuser
à un homme aussi aimable des faveurs
qu'il avoit à bon droit acquises. Je le
branlai, pour préluder notre répéti-
tion. Nous passâmes dans sa chambre
à coucher. Il alla chercher une bou-
teille de liqueur, il ferma les rideaux,
pour rendre cet endroit mystérieux ;
et, après une petite libation à Bac-
chus, l'amour prit son tour. Je fis
exactement ce que j'avois fait avec le
directeur : j'ôtai mon mouchoir, je
levai mes jupes sur mes genoux; enfin,
nous prîmes la même marche, et nous
eûmes les mêmes plaisirs. Cependant,
lorsque je voulus ranimer ses forces,
après la première exploitation, je ne
trouvai plus les mêmes ressources, et
nous fûmes obligés d'en rester là.

« Belle Laure, me dit-il, tu es fer-
tile en expédien ; mais tu n'as pas

encore assez de pouvoir pour commander à la nature épuisée. J'ai joui, et beaucoup. Mon âge commence à s'avancer, et tu ne pourrois plus prétendre, avec moi, aux mêmes plaisirs que te procurera mon ami, qui est plus jeune.

« Ton âge, ton tempérament, exigent des soins vifs ; et, franchement, je ne te donnerois que l'idée d'un bonheur que tu as droit d'attendre tout entier ; mais je te demande en grace qu'en comblant un autre de tes faveurs, tu me les continuasses aussi. J'emporterai avec moi le souvenir agréable des doux momens que tu m'as procuré. Je ne pus que répondre par des caresses, à un discours si franc et si obligeant.

» Je redoute, lui dis-je, le moment où nous serons forcés de nous quitter. Je sens que je vous aime sincére-

ment. Votre franchise mérite mon attachement. Le lendemain il fut le premier à m'engager d'aller chez le directeur. L'attente du plaisir me donna
des ailes. Nous passâmes dans le cabi-
net ; mais pour cette fois il me donna
une leçon. La musique finie, notre jeu
recommença. Je fus enchantée des
nouvelles manieres qu'il m'apprit. Il
me fit voir un recueil nouveau sur
cet objet, et me dit : il faudra essayer
toutes celles-là. En effet, chaque jour
je m'apperçus qu'il avoit étudié. Nous
en trouvâmes de délicieuses. Je me
propose de vous faire parvenir ce recueil utile et important. Mais je ne
m'apperçois pas que voulant vous
écrire une lettre, je vous écris un mé-
moire ; mais encouragée par votre réponse, dans laquelle vous me priâtes
de ne vous rien cacher, c'est avec
plaisir que j'établis entre nous deux

cette correspondance. Si je vous écris
mes fredaines, écrivez-moi les vôtres
avec Grand-pine, à qui vous souhai-
terez le bon jour de ma part, ainsi
qu'à vos charmantes compagnes. Assu-
rez-les que je serai toute la vie, ainsi
qu'à vous,

La plus tendre amie,

Laure de Fondeville.

Elle fut environ un mois sans m'é-
crire. Pendant cette intervalle, Grand-
pine tomba malade, et mourut au bout
de quelques jours. Notre douleur fut
vive ; nous perdions la cheville ou-
vriere de notre communauté. Mais sa
sage prévoyance fit choix d'un successeur, qui parvint à nous le faire oublier. J'ai encore la lettre de ce pieux
anachorette, par laquelle il nous re-

commande d'avoir confiance entiere
en son ami, en toi, si le ciel le privoit
de la douce satisfaction de nous rendre heureuses.

Tu sais comme tu fus reçu dans
cette communauté. Après avoir donné
pendant six semaines des larmes à notre ami, nous crûmes que sa cendre
étoit assez honorée par ce jeûne vo-
lontaire, et nous t'accordâmes les mêmes droits qu'il avoit sur nous. Nous
eûmes lieu d'être satisfaites. Ta mâle
vigueur nous donne tous les jours des
preuves d'un tempérament ardent.

Je ne te dissimulerai pas que je suis
inquiete de Laure. Je sais que ses parens font des recherches, et je crains
qu'ils ne la trouvent. Je m'apprête à
lui écrire, et je lui ferai part de mes
craintes. Cette petite fille m'intéresse
vivement, et je ne voudrois point lui
voir passer sa jeunesse dans des er-

reurs qui ne feront que la plonger un jour dans les chagrins les plus amers.

Je calme, autant qu'il est en mon pouvoir, le courroux d'un pere obstiné à la poursuivre. Je vais l'avertir des démarches de ce pere irrité pour la retrouver, et l'engager à faire ensorte qu'elle ne commette point d'imprudence, qu'elle pairoit cher.

Elle me paroît engouée du directeur des menus ; ce n'est pas surprenant, à son âge on se prend aisément de passion pour qui contente nos desirs. D'ailleurs, vive comme elle est, avide de plaisirs, elle trouve tout dans la capitale : bals, festins, spectacles. C'est vraiment un paradis terrestre, et elle est bien excusable de vouloir y fixer sa résidence ; mais aussi c'est par cette raison que ses parens feront des recherches dans cet endroit. Ils ont jusqu'à présent pris le change, par sa lettre datée de Bruxelles : ils me l'ont communiquée, et j'ai admiré avec quel esprit elle inventa une fable, pour abuser ses parens et me décharger de sa garde.

La chose étoit assez vraisemblable pour y ajouter foi. Elle leur dit : qu'éprise d'un jeune homme honnête, mais sans fortune, sachant que l'intention de son pere étoit de la marier à quelqu'un de riche, elle n'avoit osé lui faire l'aveu de sa tendresse ; que son honnête et vertueux ami l'avoit déterminée à venir chez une de ses tantes qui connoissoit son amour pour elle ; que là, elle attendoit le consentement de son pere, ou son âge ; qu'elle étoit résolue à passer sa vie ainsi ; que ses talens agréables lui servoient à vivre en honnête fille ; que bientôt quelqu'un se transporteroit chez son pere pour savoir sa réponse ; que si elle obtenoit son consentement, elle rentreroit dans la maison paternelle avec le titre d'épouse ; que si, au contraire, son pere ne vouloit point consentir à son bonheur, il ne la reverroit jamais ; qu'il ne prenne point la peine de faire des recherches , qu'elles seroient toutes inutiles ; que l'amour est ingénieux , et qu'il lui dicteroit les moyens d'échapper à sa vengeance.

J'admirai dans cette lettre sa présence d'esprit , et comme elle sait se ménager une rentrée dans la maison de son pere , dans le cas qu'elle ne pourroit faire autrement.

L'on attend tous les jours l'agent qu'elle doit envoyer pour chercher la réponse. Le pere a donné dans le panneau. Je l'entretiens dans cette erreur autant que je puis , mais je crains qu'elle ne finisse, et que Laure ne soit dupe de tout ceci....... Mais

je reçois à l'instant une lettre d'elle ;
je vais te la communiquer :

« Enfin , ma chere abbesse , les
choses vont fort bien jusqu'à cette
heure. J'ai été reçue hier à l'opéra
pour chanter dans les chœurs. Je ne
me sens pas d'aise. Ah ! quel plaisir
pour moi que d'embrasser un état
qui flattera mon goût pour la parure ,
et ma passion pour la tendresse ! Il
me semble déjà voir un essaim de
jeunes gens aimables m'entourer , me
donner des louanges ; j'accorderai
à celui-ci la faveur de baiser ma main ;
celui-là me prendra un bout de tet-
ton , je me fâcherai ; il poursuivra ,
je crierai ; pour m'appaiser il me cou-
vrira la bouche de la sienne , et pres-
sera plus fortement mon sein.... mais
en vérité il n'y a rien au-dessus de
ces jouissances..... Les femmes qui
ont la manie de vouloir être sages

perdent beaucoup. Mon amie ! si tu n'étois abbesse !....... Pardonne mes folies : oui , si tu n'étois abbesse , je te dirois, quitte, quitte ton cloître, pour les coulisses de l'opéra. Mais cela ne se peut pas ; tu aimes à jouir dans la retraite , et moi j'aime les plaisirs bruyans. Je travaille beaucoup, et si j'en crois mon maître de musique , je parviendrai sous peu de temps à faire plaisir.

» Cet espoir m'encourage , et je veux étonner mes compagnes par mes progrès. Ne crois pas que l'amour en souffrira ?... Non , non , je m'y livre plus que jamais ; et , tiens, je t'avoue qu'aucunes de celles qui jouissent de la plus grande réputation à cet égard , ne peuvent entrer en lice avec moi. La premiere fois que j'ai entré au foyer , j'ai donné quatre rendez-vous à de jeunes seigneurs , à des heures différentes, et je les ai servis tous quatre merveilleusement. Je revins le soir récapituler avec mon vieux chevalier , l'extrait des plaisirs de la journée.

» Oh, je veux te conter toutes les conquêtes que je ferai , cela amusera tes loisirs. A propos, je vais être entierement ma maîtresse ; le chevalier de Soulanges part demain. Je le regrette ; c'est un honnête homme. Je l'aime de tout mon cœur. Il m'a fait confidence, qu'il croyoit, à son retour, se marier avec la fille d'un de ses amis , qui étoit au couvent. Cela m'a fait penser à nos petites fredaines , et je me dis tout bas : si la jeune personne a été endoctrinée par une abbesse telle que madame de Merville, te voilà bien ; mais je n'ai pas voulu conter tout ce qui s'étoit passé dans notre couvent , crainte de lui donner de la jalousie sur sa femme prétendue.

»Cette nuit est la derniere que nous couchons ensemble. Demain je serai libre de recevoir dans mon lit qui je voudrai, et, sans vanité, il y aura foule. Je crois devoir cette faveur à mon maître de musique, et j'incline pour lui. Je ne puis, par exemple, refuser une partie pour aujourd'hui trois heures avec un seigneur anglois, qui me fit hier présent d'une boîte d'or magnifique, remplie de guinées. Mais je suis franche, je lui dirai que je ne puis refuser aux sollicitations de mon maître de musique, une nuit de jouissance.

Adieu. Tu excuseras si je t'ai écrit cette lettre d'un style peu décent pour une abbesse ; mais malgré ta guimpe, ton voile lugubre, je te vois moins comme une religieuse que comme une

jolie

jolie coquine, qui m'a frayé les routes du plaisir. Adieu, mille fois adieu ; je baise tes mains, ta bouche, ta gorge, enfin, tous ces divers appas que j'ai ant de fois caressés.

LAURE DURANCY.

P. S. J'ai changé de nom, afin de ne point me découvrir. Tu pourras m'adresser tes lettres à celui ci-dessus, et mettre : rue Saint-Nicaise, vis-à-vis le magasin de l'opéra. »

Eh bien, mon cher prieur, que dites-vous de cette folie , de cette gaieté ? La voilà perdue ; est-il possible de ne pas mettre un frein à ses desirs ? Je vais lui écrire à ce sujet ce que je pense , et je te ferai voir ce soir la lettre que je lui destine. Viens, mon cher prieur, viens dans mes bras goûter des plaisirs moins variés que ceux de Laure , mais moins à craindre.

J'ai réfléchi, mon cher ami , aux observations que tu m'as faites hier soir, et je vais les marquer à Laure. Voilà un moment où elle pourroit encore rentrer dans la maison de son pere , et vivre heureuse.

Il lui a trouvé un parti fort avantageux. C'est un homme d'un certain âge , ami depuis long - temps de la maison; vieux militaire , qui desire avoir une femme pour lui laisser tout son bien. Si Laure étoit moins emportée à ses passions , ce seroit bien là le cas de se retirer du tourbillon qui l'entraîne. Elle pourroit faire ici quelques jours de retraite , et nous penserions à lui rétablir les brêches faites à sa virginité. Si nos soins ne pouvoient lui remettre en entier, du moins nous arrangerions les choses pour le mieux , et le papa, qui sans doute n'est pas fin connoisseur sur cet article, prendroit sa jeune moitié pour la plus neuve des pucelles.

Ma lettre partira demain, et j'en attendrai la réponse avec impatience. A propos, sœur Ursule a bien sujet de se plaindre de toi ; tu sais que le jeudi étoit le jour qui lui étoit échu : elle t'attendit en vain ; tu ne parus point. Les autres reçurent à leur époque tes caresses, et notre pauvre Ursule fut contrainte de s'en passer. Cette conduite de ta part m'étonne. D'où vient ce réfroidissement ? Ursule est complaisante, elle ne t'a jamais rien refusé. Elle est, comme tu sais, sur le point de se marier ; voudrois-tu pour cela la négliger ? Je ne suis point contente de cette inattention de ta part, et j'exige que tu lui fasses réparation. Je lui donne ma nuit du lundi, pour la récompenser. Je ne veux point de passe-droit ; je me pique d'être juste, et je le serai toute ma vie.

LETTRE

De l'abbesse de ....., au révérend pere Ignace.

Eh bien, prieur, que vous ai-je dit pour Laure ? ne voilà-t-il pas mes craintes réalisées ? Je vous transcris la lettre que je viens de recevoir.

» Ma chere abbesse, j'ai cru jusqu'à ce jour que la vie n'étoit qu'une éternelle jouissance : faut-il que, si jeune, je fasse la triste expérience du contraire ? J'ai reconnu dans tous mes adorateurs des libertins, qui ne cher-

(89)

choient qu'à jouir ; j'ai reçu de la plu-
part des sottises et des affronts. Pour
combler mon malheur, {ma grossesse
s'avance. Je n'ai plus beaucoup d'ar-
gent. Je suis toute résolue à prendre
le parti que vous m'indiquerez; oui, si
je peux trouver encore chez vous un
asyle , j'y vole tout de suite. Il sera facile de faire entendre raison à mon
pere. Je lui écrirai que mon amant est
mort; vous feindrez que le chagrin m'a
rendue malade. Nous gagnerons assez
de temps pour passer ma couche, qui
se fera chez vous plus secretement
qu'ailleurs.

J'ATTENDS une prompte réponse, et si
elle m'est favorable , je me mettrai sur
le champ en route. Vous préviendrez
mon pere de mes dispositions ; d'ailleurs, je vous fais passer une lettre
pour lui remettre, dans le cas que vous
m'accordassiez ce que je vous deman-

de. Je sens bien que je pourrai me priver des plaisirs dont j'ai fait un si agréable usage ; mais du moins je veux en jouir paisiblement ; et pour cet effet je veux me marier. Si l'époux que j'aurai cependant ne peut satisfaire à mes desirs ; je suis sincere , je ne vous cacherai pas qu'un autre partagera mes faveurs : car , malgré mes réflexions , la jouissance est chez moi un aliment.

Vous voilà , ma chere abbesse , instruite de mes plus secrets sentiments : agissez d'après cela suivant votre prudence.

Adieu ; sauvez Laure , sauvez votre amie.

Voici la réponse que je fis sur le champ partir :

» Viens , viens , ma chere Laure ;

« toute la communauté te tend les
« bras. »

M E R V I L L E ,

Abbesse de . . . .

Je voudrois déja qu'elle soit ici. Nous
espérons arranger tout cela à son avantage. J'ai fait parvenir sa lettre à son
pere. Combien il sera charmé d'avoir
retrouvé sa fille ! Effectivement, quel
dommage qu'une si jolie personne soit
victime de ses égaremens !

Sœur Ursule ne t'en veut plus, elle
ignoroit ton indisposition ; elle te prie
de bien te ménager : nous t'en conju-
rons toutes. Songes que tu es notre
appui, que tes jours nous sont précieux. Nous t'envoyons des petites provisions, et souhaitons que ce petit présent te soit agréable.

Nous te baisons toutes cent fois,

mille fois. Et moi, en mon particulier,
je te prie de me croire ta plus chaude
amie,

M E R V I L L E ,

abbesse de . . . . .

LETTRE

Du révérend pere Ignace, à très hono-rable dame de Merville, abbesse de . . . . . .

Ma chere sœur, ma tendre amie, je suis pénétré du vif intérêt que vous prenez à la conservation des jours d'un individu obscur, qui ne chérit l'existence qu'autant qu'elle peut vous intéresser. Oui, le plus beau jour de ma vie fut celui où j'entrai dans vos bonnes graces. Sans vos bontés que serois-je ? Un malheureux reclus, rejetté de la société, honni de la multitude, et obligé d'éteindre moi-même des feux que vous alimentez par vos charmes. Ah ! croyez, que tant qu'il me restera un souffle de vie, il sera consacré à celle qui fait mon bonheur si généreusement. Dès ma jeunesse, abandonné de mes parens, je n'eus que le parti du cloître à prendre. Il s'en faut que mes desirs ayent été consultés.... Mais enfin, si pendant quinze ans j'ai gémi de mon esclavage, aujourd'hui je bénis des chaînes, que vous avez su rendre légeres et agréables.

Adieu. Demain, je compte dans vos bras, vous donner des preuves de mon entier rétablissement.

LETTRE

*De madame de Merville au révérend
pere Ignace.*

Mon ami, Laure est arrivée, plus
belle que jamais. Des larmes de joie
ont coulé de nos yeux. Nous espérons
arranger tout avec son pere ; sa lettre
a fait un merveilleux effet ; le bon
homme croît autant à sa sagesse qu'à
son amour. Mais comme il est inter-
ressant qu'il ne la vît pas dans l'état
où elle est, elle va lui écrire une
seconde lettre, pour lui apprendre
son arrivée et sa maladie. D'ailleurs
je crois qu'elle est venue à temps :
cette nuit elle a senti des mouches.
Nous avons tout préparé. Une sage

femme de nos amies est dans cet instant près d'elle , et ne la quittera plus. Nous allons toutes travailler à son bonheur. Nous serons bien ré-compensées de nos soins , si nous pouvons parvenir à l'établir , et à envelopper d'un voile impénétrable ses turpitudes et son libertinage.

Au moment où je ferme ma lettre, sœur Ursule vient m'apprendre que Laure est accouchée d'un beau gar-çon. Nous allons le faire nourrir dans le village ici près. Ne tarde point à venir rendre tes devoirs à notre belle malade.

Viens ce soir goûter dans mes bras cette volupté pure dans laquelle nous nous plongeons si souvent.

Adieu ! je t'embrasse avec l'ardeur d'une sensible amante.

LETTRE

De madame de Merville au révérend pere Ignace.

APRÈS deux mois de négociations, de soins, tout enfin est conclu pour le mariage de Laure ; c'est mardi prochain qu'elle va jurer à un époux de n'aimer que lui. Nos remedes ont fait un merveilleux effet ; en vérité, le plus adroit libertin la prendroit pour une pucelle. Oh ! combien nous allons rire aux dépens du mari !... Il lui a rendu ici trois fois visite, et il en est enchanté ; il lui fait des avantages considérables, et je ne doute plus que l'affaire ne se consomme à la grande satisfaction de tout le monde.

I

Nous allons perdre dans notre communauté les deux plus aimables coquines; sœur Ursule se marie aussi, et nous allons lui administrer les mêmes remedes qu'à sœur Laure, c'est-à-dire que nous allons la rendre toute neuve. Tu n'as plus qu'une fois à jouir; après ce moment, sa boîte te sera fermée, et ne s'ouvrira plus qu'aux desirs d'un époux en bonne forme.

J'ai des reproches à te faire ; tu ne m'as point ménagée, et je suis dans le même cas de Laure : je suis enceinte.

Viens réparer ta faute, en redoublant ton ardeur.

Tu n'auras point d'autres reproches de moi que des caresses.

Adieu, mille fois adieu ; à ce soir.

LETTRE

De Laure à madame de Merville.

Ma chere amie, l'œuvre est consommé ; je suis la femme de M. de
Blainville. J'ai mis tant d'adresse, tant
d'innocence dans le moment décisif,
qu'il a été enchanté de son triomphe.
J'ai crié à me faire entendre des voi-
sins. Il s'y est repris par trois fois,
et il étoit en nage. Oh ! je lui ai donné
de la besogne ! il jureroit sur ces grands
dieux que je suis la plus neuve de toutes les femmes. Si tu avois vu mon
embarras, ma rougeur, lorsqu'il voulut me mettre dans la main son outil;
Tu aurois ri de bien bon cœur. L'on
eût juré que de ma vie je n'en avois

vu ; il admiroit mes tettons , mes cuisses , mes fesses ; tous recevoient son hommage ; mais malgré ces objets séduisans , je ne pus jamais obtenir une seconde audience. Oh ! s'il croit qu'une jeune personne d'un tempérament ardent , se contente d'une fois de jouissance', il se trompe , et je crains bien que ma vertu ne succombe à la vue du premier homme aimable qui me dira qu'il m'aime.

Quelle différence, ma chere abbesse, du vit de notre pauvre Grand-pine à celui de mon époux! quelle différence!

Imagine-toi un court engin tout ridé, une tête pelée, qui ne peut à peine décalotter, des couilles noires et flasques, surchargées d'un poil grisâtre et clair semé. Voilà le portrait, encore flatté, de mon présent de noce. Moi qui en ai vu de si beaux, de si longs, de si vigoureux, juge

comme je dois être contente ? je
n'ose encore lui faire appercevoir
tout le feu de mon tempérament ;
j'attends pour le faire éclater que le
hazard me procure une occasion
favorable.

A la noce, j'ai apperçu un neveu
de mon époux, qui me paroit taillé
comme il faut ; mais il est bien neuf,
et je crains d'être de faire obligée
les avances.

Hier je fus avec mon époux dans
une société. La premiere personne
que je vis étoit le chevalier avec lequel j'ai vécu à paris, et qui me
procura au directeur de l'opéra. La
rougeur me monta sur le front, il
s'en apperçut, il s'approcha de moi ,
et me dit à l'oreille : ne craignez
rien, belle Laure, je suis discret.
Cela me rassura. J'appris qu'il avoit
fait les dernieres guerres avec mon

époux, et que son château étoit contigu au nôtre.

Tandis que les autres personnes joüoient, nous descendîmes au jardin. Il me demanda par quel hazard je me trouvois la femme de son ami. Je lui contai tout sous le sceau du secret. Il ria de tout son cœur, et me promit bien qu'il alloit rompre un hymen qu'il étoit prêt de contracter; oh, me dit-il, voilà une leçon forte. Il me pria de si bonne grace de lui accorder les mêmes faveurs que ci-devant, que je ne pus le refuser, et nous prîmes des arrangemens pour nous voir.

J'espere bien mettre aussi le neveu dans mes filets : je veux faire rafle d'hommes dans ce canton.

J'irai vous conter toutes les avantures qui m'arriveront, et j'espere chez vous présider encore à quelqu'une de vos orgies.

A présent je ne crains plus rien.
Et puis mon époux n'est point un
argus, et une femme telle que moi
en tromperoit dix mille.

Adieu, ma chere abbesse, adieu
ma tendre amie ; nous nous verrons
souvent et je baiserai encore avec
délices ton beau sein. Je vais entrer
au lit nuptial, mais je ne compte
point sur des plaisir bien vifs : tu seras
plus heureuse que moi ; frère hercule ne te laissera pas chomer.

Je t'embrasse et suis toujours, ton
amie.

LAURE,

Femme BLAINVILLE.

LETTRE

De Laure, à madame de Merville.

MIRACLE, ma chere abbesse, miracle! Mon vieil époux, semblable à un nouveau Titon, s'est rajeunit dans les bras de son Aurore: cette nuit fut plus abondante en plaisir que je ne l'espérois. La nature fit en ma faveur un dernier effort chez mon époux, et trois fois il se signala : il fut enchanté de mes agaceries, et elles produisirent un merveilleux effet. Il me quitta ce matin pour aller à dix lieue passer trois jours pour des affaires de famille.

Je ne restai pas long-temps veuve ; mon ancien amant, mon vieux chevalier, vint me tenir compagnie. Je lui fis part de ma bonne chance ; je lui dis que mon époux avoit fait son devoir au mieux, et qu'il m'avoit fait oublier ses soixante ans. Nous étions, à l'instant de cette conversation, dans ma chambre à coucher, justement assez près de mon lit. En le fixant, il me dit : voilà donc le trône de vos plaisirs ? Que j'envie le sort de mon ami.

De quoi vous plaignez-vous, lui dis-je, n'avez-vous pas, avant lui, connu les appas que vous semblez regretter ? Il ne me répondit rien.

Il porta sa main sur mon sein ; loin de la repousser, je la pressai avec plus de force. Enhardit par mon geste, il me renversa et troussa mes juppes : ses levres brûlantes s'appliquerent sur toutes les parties de mon corps.

Après avoir rassassié ses yeux, en contemplant mes charmes, il se précita sur moi. Je l'enlaçai fortement avec mes jambes, et l'agilité de mes reins seconda parfaitement ses efforts. Nous parvînmes tous deux à la suprême jouissance. Il vouloit que je lui accordasse cette nuit ; mais j'ai résisté à sa demande ; je veux mettre de la prudence dans toutes mes actions ; je veux jouir, mais je veux jouir sans crainte. Quelque temps après le départ du chevalier, je reçus la visite de Lucidor, le neveu de mon mari, celui pour lequel je soupirois en secret : il n'est pas si novice que je croyois. Après des complimens d'usage, il me proposa un tour de jardin ; je l'acceptai ; nous y descendîmes. Après plusieurs tours d'allée, il me conduisit vers un petit bois très écarté. Là, un charmant berceau vous invite d'y entrer. Un banc de mousse légere, le murmure d'un petit ruisseau qui serpente mollement et borde ce petit bois, tout inspire la volupté. Le soleil baissoit, et déja la lune répandiot une douce clarté. Lucidor ne bégayoit plus que quelques mots ; moi, éprise de sa jeunesse, de ses graces, je me défendis mal. Il porta, en tremblant, sa main sur mon sein. Sa bouche s'approcha de la mienne, qui ne s'ouvrit que pour lui dire : ah ! méchant ! ... Il me comprit à merveille, et me donna mille baisers ; il me coucha sur le banc de verdure, et .... vous devinez le reste.

Voilà, ma chere abbesse, comme j'emploie le temps que mon époux me laisse seule. Cette conquête me plaît infiniment, et Lucidor me promet les plus belles jouissances. Je viens de le quitter à l'instant ; il doit revenir demain : la nuit me paroîtra des plus longues.

Me voilà fixée ; je ne veux plus faire de conquête ; Lucidor me suffit.

Adieu charmante Merville; j'irai te voir sitôt le retour de mon époux; j'irai jouir de tes délicieuses caresses.

Adieu. Je te baise de tout mon cœur,

LAURE BLAINVILLE.

F I N.

* 9 7 8 2 3 2 9 7 5 7 1 8 6 *